给孩子的简明中国史

A Child's History of China

太喜欢历史了！

知中编委会 编著

 东汉三国

中信出版集团 | 北京

图书在版编目（CIP）数据

太喜欢历史了！给孩子的简明中国史 / 知中编委会
编著. -- 北京：中信出版社，2019.4（2025.9 重印）
ISBN 978-7-5086-9375-0

Ⅰ. ①太… Ⅱ. ①知… Ⅲ. ①中国历史 – 少儿读物
Ⅳ. ①K209

中国版本图书馆CIP数据核字(2019)第013398号

东汉三国（太喜欢历史了！给孩子的简明中国史）

编　　著：知中编委会
出版发行：中信出版集团股份有限公司
　　　　　（北京市朝阳区东三环北路27号嘉铭中心　邮编　100020）
承 印 者：北京联兴盛业印刷股份有限公司

开　　本：787mm×1092mm　1/16　　印　张：4.5　　　字　数：85千字

版　　次：2019年4月第1版　　　　印　次：2025年9月第32次印刷

书　　号：ISBN 978-7-5086-9375-0

定　　价：398.00元

东汉三国

太喜欢历史了！
给孩子的简明中国史

出版人 & 总经理
苏静

艺术指导
汉堡

内容监制
叶扬斌

撰稿人
郭怡菲 / 罗灿 / 书鱼 / 徐乐 / 许峥 / 李艺 / 绪颖 /
陆西渐

插画师
Ricky / 蒋讲太空人 / 子鱼非 / 黄梦真 / Zoey /
Yoka

策划编辑
王菲菲 / 苏静

责任编辑
陈鹏 / 叶扬斌 / 刘莲

营销编辑
马英 / 谢沐 / 张雪文 / 严婧 / 刘天怡

联系我们
zhichina@foxmail.com

发行支持
中信出版集团股份有限公司，北京市朝阳区惠新
东街甲 4 号，富盛大厦 2 座，100029

微博账号
@ 知中 ZHICHINA

微信账号
ZHICHINA2017

东汉三国

文：书鱼，陆西渐
绘：蒋讲太空人（时代背景，历史事件）
　　Yoka（衣食住行）

再统一
与再分裂

刘备

　　西汉之后并不是东汉，在它们的中间还存在着一个新莽政权。王莽虽然得到了统治国家的机会，但他后来的治国措施不被人们接受，这就给了刘秀可乘之机。因为西汉本来就是刘家的天下，刘秀做皇帝也比较符合大家的期待，因为他是正统的刘姓皇脉。这正是刘秀的优势之一。

　　东汉前期，皇帝们很是励精图治，国家被治理得井井有条，于是出现了"光武中兴"与"明章之治"这样的安

定时代。但到了后期，宦官集团、士大夫集团和外戚集团之间的对抗，使得朝廷陷入混乱。东汉末年黄巾起义爆发，相伴而生的还有各个地方的割据势力。董卓、袁绍、曹操等地方势力先后崛起，大家你争我夺，各显本事，最后形成了魏、蜀、吴三国鼎立的局面。

　　你大概也听说过《三国演义》的故事吧，这是明朝的罗贯中写的小说，里面借鉴了《三国志》记载的真实历史，但也有不少虚构的地方，出于作者个人

曹操

孙权

的喜好，《三国演义》中的人物和历史上的人物也有些不同。这也是喜欢三国的人们最难分辨的地方。

有三股势力并存，就意味着需要互相牵制抗衡，所以这个时期有很多尔虞我诈的精彩故事。虽然天下是分裂的，但为了得到百姓们的拥护，三个政权其实都非常努力地治理自己的地盘。

东汉三国时期，医学、文化与科学技术等的发展也并没有因为军阀混战而停止。如蔡伦改进的造纸术，造福了千秋万代。繁荣的建安文学，在整个中国文学史上也有着很高的地位。此外，宗教也在这一时期得到了发展，例如佛教就是东汉时期传入中国的。

想了解更多的故事，我们还是回到历史中去看看吧！

生活在东汉三国

衣

　　在东汉三国时期，有钱的人家会用丝织品来做衣服，家里没钱的话就只能用麻和葛了。这个时期，一套服饰可以分为六个部分：冠、衣、裳（cháng）、袜、履（lǚ）、饰品。冠就是头上戴的帽子，这和现在的帽子有所不同。衣是指上身穿着的衣服，裳是指下身穿着的衣服，袜就是指袜子，履是指鞋子。

　　有趣的是，当时的冠有许多种类，像远游冠、纶巾、绣帽、皂帽、絮巾等，人们还可以通过不同的冠来区别一个人的身份。对了，东汉时期还出现了"职业装"，比如商人穿白色的衣服，不能穿戴华丽的服饰。

　　这一时期，人们已经掌握了酿酒技术，有人没事的时候就喜欢喝两杯。像孙权、张飞等英雄豪杰都很爱喝酒。除了酒，人们也喝茶，四川地区的人那时就已养成了喝茶的习惯。"茶"在文献里写成"荼"字，跟现在冲泡的茶不同，荼是需要煮着喝的。

　　此外，人们还掌握了面食的发酵技术。宋朝人高承在《事物纪原》里说，馒头是诸葛亮在征讨孟获的途中发明的。但当时的馒头有肉馅，更像现在的包子，个头也比现在的要大。

05

住

东汉的民居一般是一堂二室结构，也就是现在说的两室一厅。庭院式住宅也已出现，既有方形、长方形之分，也有一字型、曲尺型、三合式、四合式、日字型之分，但基本结构都是一堂二室，当然，面积大小会有所不同。

也是从这时候起，人们开始盖起楼阁来。过去的房子都是一层的，但汉代方士说"仙人好楼居"，因此楼阁式住宅应运而生。有了楼阁，大家就可以凭高远眺，风景独好，居住的空间也变大了。既然好处多多，高层的楼阁建筑便渐渐形成一种风潮。

行

如果回到东汉三国，你会发现，交通工具会在不同阶层间交替流行。比如轺车（yáochē）——一种四面没有挡板的"敞篷车"，本来是中下层官员的交通工具，到后来却很受高官贵胄（guìzhòu）们青睐。再比如在东汉时地位低贱的商人才会乘坐的牛车，到三国的时候却成为天子贵族的爱车。发展到晋代，上层社会还流行起羊车来。

东汉三国时期的海上交通也较发达。东吴政权临海，他们常常通过海路与辽东半岛以及南海的各个地区保持交流。出于自身发展需要，各势力都十分重视沟渠的开凿，所以内河交通也变得更发达。这不仅加强了物流运输能力，也促进了地方繁荣，为之后全国运河体系的形成打下了坚实的基础。

01

废墟上诞生的东汉王朝

你知道起义军为什么叫绿林军吗？

反抗新莽

王莽篡夺了西汉政权以后，推行了很多"新政"，但新政都没能像他预期的那样取得民心。再加上国内遭遇了各种灾害，老百姓都吃不上饭了，对新莽政权自然感到不满。为了能够活下去，大家纷纷起来反抗王莽的统治，形成了席卷全国的大规模农民起义。

公元17年时，南方的荆州地区发生了饥荒。为了争抢食物，人们开始激烈地打斗，有两个叫王匡、王凤的人勇敢地站了出来，帮人们调解矛盾。大家都很佩服他们，就让他们当了首领，跟王莽的政权作对。刚开始的时候起义军仅有数百人，后来随着周边地区百姓的加入，人员渐渐增加到数千人。因为起义军们驻扎在绿林（lùlín）山中，所以他们叫自己"绿林军"。

在北方，樊崇仅仅带领着数百人就占领了泰山，附近的百姓们纷纷加入，不到一年的时间，这支起义军的规模就达到了一万多人。樊崇率领的起义军纪律严格，规定军中谁伤害了百姓就要受到严惩，所以他们受到了周边百姓的拥戴。在和王莽军队的战斗中，为了分清敌我，起义军的士兵会把眉毛染成红色，所以这支起义的队伍便被称为"赤眉军"。

绿林军和赤眉军一起结成了联盟，共同为推翻新朝而奋战。他们分别从南方和北方对王莽发动了攻击。王莽刚开始主要反击北方的赤眉军，但这个时候，南方的绿林军却趁机一路攻到了长江下游，拥立了一个西汉皇室的后裔刘玄来当皇帝，历史上称刘玄为更始帝，他组建了以绿林军为主力的汉军，后人称为"更始军"。

王莽这才意识到，原来绿林军才是自己的最大的敌人。公元23年，王莽率军将更始军逼退到了昆阳，并把他们围困在昆阳城里。但更始军将领刘秀等人晚上却突围到附近的县城调集士兵。在成功组建了一支新的队伍之后，刘秀率兵发动了反击，城内的更始军同时

突围而出。两面夹击之下，王莽的军队被打败了。这个叫刘秀的将军在这场以少胜多的战役中表现十分出色，成为了各地起义军的新一代偶像。

输掉昆阳之战以后，王莽的新朝政权就再也没有办法对付起义军联盟了。不久更始军攻入长安，杀掉了王莽，新朝彻底灭亡。但起义军内部因为争权夺利也矛盾重重，刘玄为

了手中的权力，处死了军中很多有功将领，其中就包括刘秀的哥哥。

总之，大家对刘玄的行为都很不满。

▼ 新朝末年，一支自称绿林军的起义军崛起了。

刘秀的崛起

在昆阳之战中表现突出的刘秀则暗中积蓄力量，准备建立属于自己的国家。哥哥死后，刘秀强忍着悲痛向刘玄请罪，才侥幸保住性命。而后，他利用刘玄让他到河北监军的机会，在河北开始独立发展自己的势力。他一方面任用贤才，整顿军纪，收复民心；一方面又网罗了冯异、邓禹等将帅之才，组成了自己军队的骨干力量。

公元23年，刘秀巡视河北郡县的时候，释放了很多被王莽政权关押在狱里的犯人，而且他从不向老百姓索要钱财礼物，所以大家都愿意支持他。再加上刘秀的军队有着完善的纪律制度，到了他的军队里，大家都能发挥自己的才能，谁不愿意投靠这样的领袖呢？

公元25年，势力越来越大的刘秀正式称帝，恢复了"汉"的国号，随后定都洛阳。当时全国处于分裂状态，大小军阀不计其数。刘秀为了统一天下，率领军队东征西讨，后来一鼓作气，终于彻底平定了赤眉军。由于赤眉军是农民起义军，为了顺应民心，刘秀没有屠杀他们，而是将赤眉军解散，让他们以耕种为生。公元36年，最后一个军阀卢芳逃往匈奴地区。历经十年，中国总算重新恢复了统一的局面。

由于建都于洛阳，正好位于长安的东面，所以历史上把这个政权称为"东汉"。又因为刘秀的谥号是光武皇帝，因此人们把刘秀统治时期的治世誉为"光武复兴"或"光武中兴"。

刘秀之所以能够只用十几年就平定天下，除了他自己有很强的政治能力以外，还因为他手下有许多很会打仗的将领，如邓禹、冯异等。后来他的儿子汉明帝命人为其中功勋卓越的二十八人绘制画像，并挂在云台阁供后人瞻仰。于是历史上将这一批追随刘秀平定天下，开创了光武中兴的将领们称为"云台二十八将"。

▼ 建立东汉的刘秀，小时候就在
家帮忙做农活了。

如果生活在当时，
你更愿意支持刘秀
还是王莽呢？

02

创业者刘秀带来的
"光武中兴"

为什么许多官员都不愿意让皇帝重新测量土地、统计人口呢?

关于刘秀

创建东汉王朝的刘秀是南阳郡蔡阳县人，从族谱上看，他是汉景帝刘启的第七世孙，也算得上是汉朝皇室的支系。他的爸爸刘钦曾经当过县令，不过刘秀八岁的时候，爸爸就去世了。被亲戚收养后，小刘秀不得不开始参加田间劳动，这也让他早早就体会到了当时老百姓们的辛苦。后来刘秀之所以能成为体恤百姓的皇帝，和这段经历或许也有关系。

二十来岁的时候，刘秀来到了国家最高学府太学进修，在《尚书》等典籍中学会了一些做人、治国的道理，不过仅仅上了两年学，王莽的新朝就已经露出了败亡的迹象，好多地方发生了起义。于是刘秀和他的哥哥刘缤决定带领南阳郡的宗室子弟们发动起义，推翻新朝。后来的事情，小朋友们应该已经在前面一章中了解到了。

刘秀的治国办法

度（duó）田行动

东汉刚建立的时候，由于国家刚刚经历过几十年的动荡，户口、土地方面的信息都已经不够准确了，有很多遗漏和错误。当时最重要的两件大事——赋税和徭役，又必须依据户口和田亩数来确定。因此在公元39年，刘秀下令重新测量田地、清查户口，目的是查出当时农田和户口的实际数字，这就是"度田"。

不过，重新测量土地触犯了很多人的利益，所以遇到了许多阻碍。为了推动度田行动，刘秀甚至下令杀了一批试图造假的官员。他们为什么要造假呢？因为这些官员与当时的豪强大族相勾结，瞒报了农田和户口的实际数字，这样他们就可以少交赋税，获得更多利益。

总之，过程虽然曲折，但好在结果是好的。刘秀通过这次行动，最终真正掌握了国家的农田及户口数目，以此作为制定政策的依据，保证了国家的赋税收入，从而稳定了东汉王朝的经济基础。

减轻佃租

针对战争过后全国人口凋零、粮食产量低下的情况，刘秀颁布了一系列帮助农民百姓休养生息的政策，用以恢复国家的经济实力，其中最重要的就是减轻农民们上交的佃租。佃租也就是农民租种地主的田地要缴纳的租金。要知道当时

◀ 刘秀非常坚决地要求推进度田行动，重新确认人口和土地的数量。

世界 大事记 中国

公元37年 罗马帝国皇帝提比略去世，卡利古拉即位

公元41年 罗马帝国皇帝卡利古拉去世，克劳狄一世即位

公元39—40年 东汉王朝进行度田，恢复使用五铢钱

的佃租额曾经达到过收入的十分之一，这成了农民极大的生活负担。刘秀的政权逐渐稳定了之后，他下诏恢复西汉前期旧制，将佃租的征收改为三十分之一，缓解了农民的压力。

开凿阳渠

公元48年，为了解决当时洛阳城的城市用水问题，刘秀下令在洛阳城的城西挖通了一条绕着洛阳城的大型水渠，命名为阳渠，目的是将黄河和洛水贯穿连通起来。有了可靠的水源，城市的建设和百姓的生活就更方便了。

币制改革

五铢钱是西汉的重要货币，一直在推广使用，也最受民众的认可。但王莽上台后，颁布了一系列改变币制的法令，禁止大家再使用五铢钱，还将五铢钱收集起来集中销毁。他甚至下令，使用和收藏五铢钱的，都要受到刑罚。这一切都是为了推动新钱币的发行，可这对百姓们来说是非常不方便的事情。刘秀废除了王莽的乱政后，决定重新推行五铢钱制度。因为五铢钱使用历史非常久，百姓重新接受起来非常容易，大家都很高兴。这对当时东汉社会的经济恢复起到了十分重要的作用。

刘秀结束了常年战乱带给百姓的苦难，废除了大量王莽留下的错误政策，在治理贪污腐败的同时，又懂得给人民减轻负担，所以这一时期经济发展很快，人民安居乐业。

刘秀的边疆治理

刘秀不仅仅满足于统治中

原地区，还向边疆地区拓展势力、融合发展，并逐渐取得了当地少数民族的认可。但是这一进程也并非一帆风顺，公元40年，南方交趾地区（今越南北部红河三角洲地区）的百姓因不满当地太守而奋起反抗，他们的首领是当地酋长的两个女儿，分别叫做征侧和征贰。刘秀派马援讨伐交趾，击败了征氏姐妹，平定了这片地区。

在北方，东汉王朝同样取得了不错的成果。公元48年，匈奴呼韩邪单于的子孙竞争继承权，导致曾经强大无比的匈奴帝国解体，分为了南北两部分。呼韩邪单于之孙——比率领南边八部四五万人投靠了东汉王朝，并在它的保护之下和北匈奴相抗衡。

在东汉的西部边疆也有这么一个不可忽视的少数民族——羌族。他们是典型的游牧民族，活动范围非常广泛，有一百五十个部落，由于各部落间互相争斗，一直无法产生强有力的统治者。所以刘秀强制各个部族按照自己的要求迁徙，保持了各部落之间的实力平衡。在刘秀的治理之下，边疆地区渐渐稳步发展起来。

15

◀交趾酋长的两个女儿带头反抗东汉的统治。

03

明章之治：
东汉王朝的盛世！

▼ 东汉的时候，佛教传
入中国。

僧侣们翻译佛经的地方
又叫作译经道场。你知
道中国的第一个译经道
场是哪里吗？

知识充电站

具有批判精神的《论衡》

《论衡》是一个叫王充的人写的,"论"就是谈论,"衡"就是衡量的意思,这本书里提到了先秦以来各个学派的思想。

谶纬充满神秘的预言色彩,那时候的人认为,人间的事情是上天的决定。但王充并不这么认为。他写就了长达三十卷的《论衡》来批判谶纬思想。尽管王充的理论也受到时代知识水平的局限,但是在近两千年前,这种带有唯物色彩的思想的出现非常值得我们关注。

有效的国策

光武帝刘秀给继承者留下了一个健康稳定的帝国,他去世后,汉明帝刘庄和汉章帝刘炟(Liú Dá)先后登上皇位。他们继续沿用光武帝的治国政策,注重减轻赋税,不给老百姓太多压力,让社会生产力得以恢复发展。此时的东汉王朝内部特别团结,对外战争节节胜利,文化上也出现了空前的繁荣局面。

因为前朝正是在农民起义里消亡的,东汉朝廷深深知道人心的重要性,所以对宗室子弟和外戚贵族严加限制,不让他们欺压百姓,并多方打击地方上的豪强地主们,保证中央政府的绝对权威。其中最典型的就是刘庄的岳父——鼎鼎大名的伏波将军马援。他本人因外戚身份而未能列入云台二十八将,三个儿子在汉明帝一朝里也都未能位列高官。

以前,一个人犯法,全家人都会被牵连,到了刘炟统治的时候,他降轻了刑罚严苛的程度,废除了"一人犯法,亲戚同罪"的株连刑法,而是改为流放。同时他接受陈宠的建议,废止了五十余条刑罚残酷的法律条文。为了保证法律能落到实处,他对官员的选拔考核要求更严格了。有了真正优秀的人才,政治也更加清明。

佛教经典传入中国

西汉时,大月氏国王的使者伊存曾口述《浮屠经》。到了东汉时,已经有一部分人知道这个来自天竺的信仰了。

公元54年 罗马帝国皇帝克劳狄一世去世,尼禄即位　　　　公元66年 第一次犹太战争爆发

公元57年 汉光武帝刘秀去世,汉明帝刘庄即位

公元64年，汉明帝刘庄在夜里做梦，梦见西方来了一个身高六丈（约14米）、头顶放光的金人。大臣傅毅告诉他，西方的神又叫作"佛"，就是梦中这个金人的样子。这里说的西方，并不是我们现在所说的西方欧美世界，那时候的人们还没能深入了解到世界另一半球还有其他文明存在。他们所说的西方，更接近"西域"这个概念，以及通过西域能到达的地方，其中也包括印度半岛。总之，刘庄隐隐感到这个梦是上天的意旨，于是赶紧派遣使者到天竺求法。使者在西域的大月氏国遇到了天竺高僧摄摩腾、竺法兰，于是邀请他们前往中国。

公元67年，两位来自天竺的高僧随着汉朝使者，用白马驮着经书到达洛阳，居住在鸿胪寺（Hónglúsì）里。第二年，汉明帝下令，要在洛阳建造僧院。为纪念白马驮经的功绩，便给新造的寺院取名为"白马寺"。

摄摩腾和竺法兰在这里译出了中国现存第一部汉译佛典《四十二章经》，后来又陆续有多位西方高僧在白马寺译经。此后的一百五十多年时间里，这些高僧共翻译了一百九十二部、合计三百九十五卷佛经，白马寺也成为我国最古老的译经道场。

最优的黄河治理法

这一时期东汉朝廷还做了许多得民心的好事。公元69年，朝廷决定彻底治理黄河，减轻水患。这个重任落在了当时著名的水利学家与地理学家王景身上。王景精通《周易》、数学、天文，是当时难得的治水人才。他经过认真测算，决定改变黄河出海口，让河道经过今山东省梁山县、平阳县、济南市、高青县、博兴县等入海。这条路线与今日的黄河流向十分接近，也是当时最好的选择。

在这次治理中，王景发明了水闸（shuǐzhá）——在大坝上用石头垒出一道闸门，留下豁口用厚木板卡住，水多时打开，水少时关闭，这样就能控制水量的大小。此外，王景还采用了加固河堤等多种方式缓解黄河自身压力，稳固河道。这次治理黄河前后动用几十万人，不仅解决了长久以来的黄河水患，还将原来的水患区发展为可以耕种的良田。在这之后九百多年间，黄河再也没有发生过大的改道。

东汉人的意识形态

西汉时期，汉武帝采纳了董仲舒的建议：罢黜百家，独尊儒术。春秋时代孔子创立的儒家学说与经典成为西汉官方唯一认可的学术思想。但在儒家内部，因为对经典的理解不同，各派之间的思想斗争愈演愈烈。到了汉宣帝时期，甚至不得不召开石渠阁会议来统一儒家各派思想。

到了西汉末年，"今文经""古文经"两大学派再次发生了激烈争论，加上当时谶纬文化的流行，儒家思想的统一更是势在必行了。谶纬是一种用来预示吉凶的神秘文化，而且往往跟政治有关，当时的人们对其深信不疑。就连光武帝刘秀起兵建立东汉政权也利用了谶纬之说，刘秀本人也很崇信谶纬。东汉建立、国家安定以后，学术事业也逐渐繁荣起来，学者们终于有了探讨儒家的经义典籍的环境。

对封建君主们来说，如果治国思想都没法统一，不就乱

▶ 因为对经典有着不同理解，一群儒生正在激烈地进行辩论。

套了吗？为了维护来之不易的大好局面，公元56年，东汉朝廷以诏令的形式，正式将儒家经义与"谶纬"的结合认定下来。到了公元79年，为了将这一结合更加系统化，朝廷召集大量儒家代表人物来到京城白虎观参加会议，并把他们的讨论结果编著成了一共四卷的《白虎通义》。儒家原本有自己的学说经典，后来又结合了谶纬这样的神学。当时，谶纬文化被称为"内学"，原本的经典义理反而被称为"外学"。《白虎通义》这套书则将今文经学及儒家的《诗经》《春秋》《论语》《礼记》等经典与谶纬学说糅合在一起，形成了独特的东汉谶纬儒学体系。

知识充电站

意识形态

意识形态是一个哲学概念，指的是人们如何认知世界、理解事物。不同民族的人有着不同的外貌特点，也可能会有不同的意识形态。但意识形态和外貌不同，它并不存在于我们的基因里，而是受到社会的影响。所以即使在同一个国家、同一个民族里，不同阶段的人，看待世界的角度也是不一样的。例如，东汉时的意识形态就跟咱们现在的不同，那时候的人理解世界和万物，是以谶纬儒学体系为基础的。

04

匈奴？ 西羌？ 鲜卑？
了解东汉的周边民族关系

▲ 班超带人连夜袭杀匈奴使者。

世界大事记 中国

公元98年 罗马帝国皇帝图拉真
即位，之后罗马帝国达到全盛

公元88年 汉章帝刘炟去
世，汉和帝刘肇即位

公元97年 西域都护班超派甘英
出使大秦（罗马帝国）

班超的大功劳

东汉刚建立的时候还无力顾及西域，导致西域各国重新被匈奴控制。一直到公元73年，当时的奉车都督窦固（Dòu Gù）在出兵进攻北匈奴时，派遣了一个叫班超的书生到西域去联系各国，夹攻匈奴。

班超接下这个命令后，便和助手郭恂（Guō Xún）以及部下们先去了鄯善（Shàn Shàn）国。一开始鄯善王还对他们嘘寒问暖，态度特别恭顺，后来突然变得冷淡疏远。班超觉得这其中一定有问题，他找到接待他们的鄯善侍者套话，这才知道原来北匈奴使者也已经到来。

于是，班超趁着夜色，带着部下到北匈奴驻地，又是纵火又是敲战鼓，把北匈奴人吓得乱作一团。第二天，班超请来了鄯善王，把前夜趁乱杀死的北匈奴使者的首级给鄯善王看。鄯善王大惊失色，班超便趁机抚慰。

班超有着超一流的口才，最后说动了鄯善王归附东汉朝廷，并将王子送到朝廷做人质，以表明自己的诚意。在班超的努力下，东汉重新控制了西域，这相当于切断了北匈奴的一条臂膀。对当时的东汉来说，班超可是立了大功，堪称大英雄。

了解外面的世界

公元97年，年纪已经很大的班超派自己的手下甘英出使大秦，也就是地跨欧亚非大陆的罗马帝国。甘英走啊走，从龟兹出发，经条支、安息等国家，直到安息西界的西海沿岸为止。他从沿途收集的情报中了解了大量有关亚洲、欧洲各地的情况，扩大了中国人的视野。

另一方面，从西汉时代起，中国就开始从广西合浦地

132年 第二次犹太战争爆发

公元100年前后 许慎开始撰写《说文解字》

105年 蔡伦改进了造纸术

132年 张衡制造出地动仪

《汉书》的编写重任

东汉的班超一家在历史上是非常有名的。

班超出身于一个书香门第，父亲班彪和哥哥班固都是当时的著名学者。班彪晚年专心续写《史记》，可惜还没写完就去世了。好在子承父业，剩下的工作由儿子班固、女儿班昭先后接棒，两代人共同创作出后来和《史记》齐名的《汉书》。

公元62年，班固在专心撰写《汉书》的时候，被人举报"私修国史"，这可是个杀头的大罪！在外领兵的班超非常担心哥哥，立即快马跑回都城，向汉明帝说明了班家两代人几十年修史的辛劳和宣扬汉朝道德建设的意图。皇帝知道班超是个大忠臣，便认真读了班固的书稿，果然是一部佳作！汉明帝赶紧下令释放班固，还封他为兰台令史，负责掌管和校订皇家图书。

不料就在班固快要完成《汉书》时，却被另一起案件牵连，不幸死在了狱中。之后则由他的妹妹班昭接过了续写重任。

《汉书》是中国第一部纪传体断代史，讲述了西汉时代的历史，和《史记》《后汉书》《三国志》并称"前四史"。

区通过海路开展丝绸贸易。《汉书·地理志》记载，当时汉朝有一条从广西合浦出发，经南海进入马来半岛、暹罗湾、孟加拉湾，到达印度半岛南部的黄支国和已程不国的航线。商人们也可以通过安息和天竺中转到达欧洲。

一批罗马人也通过海路来到中国，向东汉皇帝赠送了象牙、犀牛角、玳瑁等礼品。这是我国正史记载的中国与罗马帝国的第一次往来，海上丝绸之路在这时候的出现使得东汉的社会经济得到进一步发展。

解决了匈奴，又来了羌族

当时的其他边境地区并不和平。东汉前期，黄河以北的烧当羌首领联合其他羌人部落，击败了当时最厉害的羌人部落——先零羌。他们慢慢发展壮大，逐渐崛起，成为了东汉西北部的一大威胁。

东汉朝廷当然不允许这种情况发生。公元58年，汉明帝派出由马武统领的部队征讨他们，第二年，烧当羌的首领最后不得不带着剩下的羌人投降了东汉。

但没几年，西羌人因为不满被东汉官僚、豪强欺压，纷纷逃亡。他们没钱没粮，所以到处抢粮抢钱，还截断了西域与中原的通道。为了讨伐西羌人，东汉只能再次派出军队。战争一打就是几十年，为此，东汉国库被耗空，百姓也死伤众多。东汉末年的时候，西北的官员还趁西羌之乱培养了自己的势力，不过这就是后话了。

鲜卑势力也不是好惹的

除了羌人，和东汉朝廷争斗的还有鲜卑，他们是继匈奴之后在蒙古草原上兴起的另一股势力，在匈奴分裂前一直被匈奴压迫。

东汉朝廷对是否要攻打北匈奴意见总是不统一。有人认为，失去了压制的鲜卑人会崛起，很可能成为汉朝的又一个心腹大患，所以应该保留北匈奴的残余，这样既能给鲜卑人留一个强硬的对手，又可以防止南匈奴坐大。但汉和帝时期的东汉掌权者窦太后可不这么认为，在公元89年至91年间，她派遣窦宪率军彻底击败了北匈奴。

北匈奴向西逃跑之后，鲜卑人果然如同人们预想的那样，逐渐壮大起来，取代匈奴成为我国北方的主要民族。汉桓帝时，檀石槐统一了鲜卑各部，开始侵略和骚扰东汉边境地区。

▼ 甘英出使大秦。

05

东汉科学文化的
大发展！

▼ 许慎编写《说文解字》。

超级字典的诞生

东汉对外战争的胜利保障了国内文化环境的稳定。当时正是汉字发展的重要节点，著名的文字学家许慎就是在这时候出生的。他从小就认真学习，研读诸子百家的经典著作。当时的经学大师马融很敬重许慎，认为没有人能超过许慎在五经上的研究。

后来，许慎进入朝廷担任校书东观，趁机读了许多书。公元100年前后，许慎开始撰写一部收录文字读音和解释的字书，名叫《说文解字》，听起来和现在的字典是不是很像？的确，这本书就是世界上最早的字典之一。编字典既是脑力活，也是体力活，那可不是一时半会儿能做完的。随着许慎的研究越来越深入，这本书直到121年才最后定稿。

《说文解字》第一次系统地分析、考究了汉字字形和字体的来源，全书以小篆（xiǎozhuàn）书写，里面一共有五百四十个部首，收录了九千三百五十三个汉字。直到现在仍然有许多研究汉字的人在参考和研读这本书的内容，可见它的专业性和重要性。

下知地理：
地震测量仪的发明

东汉时期还出了一位喜欢研究数学、天文、地理和机械制造的大科学家，名叫张衡。

东汉的时候，地震比较频繁，但是因为科技落后，大家不仅不能预知地震的发生，甚至要在地震发生很久之后才能接收到灾情的报告。为了及时掌握全国地震动态，132年，张衡发明了一个叫地动仪的探测器。这种仪器有八个方位，分别是东、南、西、北，以及东南、东北、西南、西北，每个方位上都有一个对应的龙头，龙头口里含着龙珠，龙头的下方蹲有一只蟾蜍。如果某个方向发生了地震，这个方向上的龙头含着的龙珠就会掉进下面蟾蜍的嘴里，这样人们就知道地震的方向了。

知识充电站

《尔雅》
与《说文解字》

《说文解字》可以简称为《说文》。许慎在编写《说文》的时候开创了部首编排法，与现在的字典很像。不过那时候还没有"字典"这个说法。在东汉，这样的书叫作"字书"。

除了字典，咱们学习语言的时候还有一类非常重要的工具书，叫词典。《尔雅》就是古代的词典，可能早在战国时代就有了，现在也没法考证。这本书里讲到了语音、词汇、语法等内容。不过，它与专注解字的《说文》不同，它是解释词汇的。这本书按照事物的分类来进行编排，有的解释动植物词汇，有的解释天文地理词汇，有的则解释器物词汇。

现在，你能区别它们的不同了吗？

知识充电站

纸的诞生

你听说过"帛书""帛画"吗？帛字上面是"白"，下面是"巾"，意思就是白色的丝织品。在纸发明以前，人们是用竹简、帛等来写字的。竹简很便宜，但是特别笨重；帛虽然轻便好写、方便携带，但是非常贵，一般贵族、皇室才会用到。纸的发明就平衡了这两者的特点。最早的纸可能在西汉的时候就有了，东汉的蔡伦改进了纸的制造方法后，纸张才慢慢流行起来。不过，东汉时虽然有了纸，但直到2世纪之后，人们才开始广泛使用纸张进行书写。

134年的一天，地动仪的一个龙头突然发动，吐出了龙珠，没过几天，陇西来报，证实前几天的确发生了地震。那些原本不相信地动仪的人们开始对张衡心悦诚服。

上知天文：张衡的天象观察器

除了地动仪，张衡还改进了观察天象的浑天仪。浑天仪的雏形其实早就有了，它是浑仪和浑象的统称，而这两种天文仪器在西汉的时候就已经被发明出来了。

张衡是在前人的基础上造

▼ 张衡发明的地动仪。

你知道地动仪是怎么探测到地震的吗？

出漏水转浑天仪的。这个仪器的主体是好几层圆环，它们可以独立转动，中间被一根金属轴贯穿，轴和圆圈的两个交点就是南极和北极，而这些圆圈，有的代表赤道，有的代表天体运行轨道，此外还有地平圈、子午圈，通过上面的刻度，人们还能读出节气和星宿。

为了让浑天仪自己按照时刻转动，张衡还设计了两个滴漏壶。以前没有时钟，人们发明了滴漏壶来看时间，这种壶的底部有孔，水会漏到有刻度的器皿里，这样通过滴水就可以知道时间了。张衡的浑天仪则通过滴水来推动浑天仪的圆圈转动。经过张衡的精密计算，浑天仪一昼夜正好转一周，这样就可以模拟一天中的星辰变化轨迹了。

▼ 在古代，人们还没有发明出天文望远镜，主要依靠模拟星辰运动来观察天象，浑天仪就是这样的仪器。

29

06

东汉朝廷的激烈内斗

外戚集团对阵宦官集团

汉章帝以后的东汉皇帝寿命都不太长,他们死后,继任的皇帝因为年龄太小,只能在旁人的辅佐下登基。而当朝的太后或皇后们,也得依靠自己的娘家,比如让自己的哥哥、弟弟们成为地位尊崇的"大将军",这样才能获得真正的执政权力。

小皇帝长大以后,当然想从外戚手里夺回本就属于自己的权力,但他们中的很多人,从小就在皇宫里长大,很少有机会接触外面的大臣,可以说,他们能依靠的只有身边的宦官。

宦官是指中国古代皇宫里专门为皇帝及其家族服务的人。大家在电视剧里一定见过他们吧?其实在东汉以前,宦官并非全是阉人,也有一般的官吏,宦官接受宫刑后才能进宫的规矩是从东汉开始的。而

▶ 宦官、外戚和士大夫们谁也不服谁,最终导致了党锢(gù)之祸。

汉桓帝刘志之所以能击败权势滔天的大臣梁冀，夺回自己的皇权，正是凭借宦官的帮助，所以他更加信任宦官了。

刘志统治的后期，外戚集团、士大夫集团、宦官集团之间的矛盾日益尖锐，他们常常互相攻击，造成了严重的社会问题。东汉时期的三次党锢之祸就是因为三方斗争产生的。锢是监禁的意思，在三次党锢之祸中，许多人因为"结党"的罪名而被免官监禁。他们中的许多人是受到牵连而成了牺牲品，但在你死我活的党争中，他们也是动乱的制造者。

儒学的大发展

东汉中后期之所以能形成声势浩大的士大夫集团，跟儒学的进一步发展有很大关系。在这个时候，儒学内部原本的"百家争鸣"开始"大一统"，形成了经学发展的高峰。许多知名学者广收弟子，传播自己对儒学的理解。其中最有名的就是马融与郑玄师徒。

马融是东汉时期著名的古文经学家，他给许多经典写了注释。著名的郑玄、卢植都是他的学生。郑玄留下了《天文七政论》《中侯》等作品，世人称他的研究为"郑学"。在东汉，他可以说是一位经学达人了。而卢植，后来成了刘备和将军公孙瓒（Gōngsūn Zàn）的老师。

东汉时期的儒家知识分子，有的进入朝廷做了官，并慢慢成为贵族；有的没能做官，但他们也非常关心国家大事。在党锢之祸中，看不惯宦官集团、外戚集团并站出来对抗的，多是这样的读书人。

黄巾起义

当时，百姓因为遭逢连绵多时的自然灾害，生活非常困苦。有一个叫张角的人以自身的医术结合奇书《太平经》上的内容，在民间游走，治病救人，同时创立了太平道。太平道尊信黄帝和老子，教人用符咒治病。现在的我们因为学习了现代的科学知识，不会相信这样的把戏，但在当时，有人还真的被张角治愈了，于是成了太平道的信众。

31

▲ 黄巾起义爆发。

在张角的组织下，中国历史上第一次由宗教组织引发的大规模农民起义爆发了，这就是黄巾起义。张角传教长达十余年，又有民众基础，影响力一下子就扩展到了全国。

面对声势浩大的黄巾起义，东汉王朝不得不放松党锢，释放一大批士人，下令让各个郡县练兵自保。在皇甫嵩、卢植、曹操等优秀军事将领的指挥下，这场大规模起义很快就被平息了。尽管黄巾起义没有成功，但它确实造成了社会的动荡，催生了一大批有实力的地方武装，给东汉皇权造成了威胁。后来的董卓、曹操、孙坚等势力都崛起于这场战争。

董卓的成败

这时候，除了东汉朝廷，还有几股势力在互相抗衡——新兴的地方武装力量、外戚集团、士大夫集团以及宦官集团。宦官集团与外戚集团在斗争中同归于尽了，新兴地方武装力量的首领董卓则掌握了大权。他一方面招揽了不少名士为自己效力，另一方面则大肆杀戮反对自己的大臣。最后居然还废掉了皇帝刘辩，拥立刘协登基，也就是历史上的汉献帝。

董卓的举动为各怀心思的地方势力提供了借口。关东各路诸侯借这个机会迅速会盟，

32

推举袁绍为盟主，以讨伐董卓为名起兵。

虽然讨伐董卓的联盟在军事上具有绝对优势，但他们内部有着严重分歧，总是吵来吵去，谁也不服谁，甚至公开打起来。兵力占优的联军中只有曹操、孙坚等几支军队愿意出战。两军对阵初期，董卓军队还占据着优势，曹操和孙坚根本不是他的对手。

不过随着战争的持续，联军逐步取得了优势。董卓为了保命，不得不搬到长安，临走还一把火烧了洛阳城。但长安也不是什么好去处，这里已经荒废近二百年，城防设施损毁严重。为防万一，董卓囤积了大量财物与粮食。

外面的敌人容易提防，身边的反对者却难以察觉。董卓就被自己的反对者算计了。一个叫王允的人用计谋使负责护卫董卓的大将吕布与董卓反目。192年，董卓乘车前往皇宫参加庆祝会的时候，吕布随同。中途，董卓车队遭遇埋伏，董卓内穿铠甲，所以没有伤到要害。从车上摔下的董卓大喊："吕布在哪？"而他的护卫吕布则不慌不忙地掏出诏书，喊道："有诏讨贼臣！"这时董卓才发现吕布背叛了自己。

董卓死后，王允和吕布等人曾经短暂掌握过朝廷局势，但是很快就遭到了董卓手下将领们的反扑。他们杀死了王允，劫持了汉献帝，东汉朝廷则再次陷入混乱中。

▲ 董卓拥立汉献帝。

33

193年 罗马帝国内乱结束，塞维鲁王朝开始

189年 董卓拥立汉献帝刘协，掌握政治实权

192年 吕布杀董卓

07

东汉末年的
军阀混战

▲ 刘备投靠袁绍。

世界 | 大事记 | 中国

196年 曹操迎汉献帝

200年 官渡之战爆发

中国历史上有过多次军阀混战，你知道军阀是什么意思吗？

五斗米道

董卓死后，中央朝廷彻底陷入了混乱，无力再管束地方官员，东汉的统治已经名存实亡了。各路豪强为了争夺权势，陷入了混战。

194年，五斗米道的教主张鲁依靠地方势力占领了汉中，建立了一个政治和宗教合一的地方政权。因为大家都很憎恨官吏剥削，所以他并不用太守、县令这些官场名号，而是自号师君，在这里，管理事务的官员叫祭酒，普通信徒叫鬼卒。

信奉五斗米道的人只需要缴纳五斗米就可以得到法术的治疗，像这样符合百姓需求的措施还有很多，这样一来就吸引了大量流亡的平民。张鲁还在汉中的大路上设立了义舍，里面放着米和肉，过往的行人可以自己去拿，而且不用给钱。老百姓犯了小错误，只罚修路一百步；人们犯罪，可以被原谅三次，还不改正的话才会行刑；他还禁止人们在春夏杀生；为了节约粮食，也禁止酿酒。

在五斗米道的统治下，汉中地区基本远离了战争，获得了二十多年的平静。后来五斗米道的教徒推举张鲁的先祖张陵为天师，把祖庭设在了江西的龙虎山，所以这一教派又被称为"天师道"。

汉末的军阀割据

曹操集团

曹操的爸爸是宦官曹腾收养的义子。后来曹操参与讨伐黄巾军，收编了三十万人，有了自己的军事力量。195年，汉献帝刘协带着一些残余的朝廷官员逃出长安，回到洛阳，处境十分悲惨，但各方势力根本不在意这个皇帝，只顾着互相厮杀吞并，扩大自己的势力。196年，曹操刚刚占领充

什么是军阀？

黄巾起义爆发后，东汉王朝为了加强对地方的统治，由朝廷重臣担任州牧，负责统领地方上的军务。后来州牧的势力越来越大，渐渐形成了相对独立的军阀，他们不仅开始招兵买马，还割据一方。军阀指的就是独占一个地区的军人集团，他们自成一派，根本不理会中央的管理。在中国的历史上，除了东汉末年外，隋朝末年、元朝末年以及民国时期都曾经出现过军阀割据、互相混战的情况。

州（Yǎnzhōu），势力还不是很稳固，他效仿了董卓曾经"挟天子以令诸侯"的办法，亲自带领军队迎来了处境尴尬的汉献帝。曹操在表面上非常尊重他，还把女儿嫁给他。从那以后，曹操无论做什么事都要用汉献帝的名义发号施令。曹操掌握了大义名分，让其他的割据势力变得非常被动。当时人们流行品评人物，有一位

成语讲堂

望梅止渴

曹操是一个很有办法的人，《世说新语》里记载了他用计缓解士兵口渴的故事。在一次征讨张绣的路上，天气很炎热，士兵们又累又渴，还有人昏倒了。曹操害怕赶不上作战，但是下一个水源还离得很远，怎么办呢？他就指着远处的树林告诉大家那是丰硕的梅子林，一会儿可以大吃一顿。士兵们想到梅子的酸味，都条件反射地流出口水来，队伍立刻振奋起来加快了速度，就这样顺利赶到了下一个水源。后来，人们常用"望梅止渴"这个成语来比喻用空想安慰人。

著名的品评家就点评曹操是"治世之能臣，乱世之奸雄"。

东汉末年，除了曹操以外，还有荆州地区的刘表、益州地区的刘焉、江东地区的孙策等众多军阀，他们为了巩固势力，总是打仗。

袁绍集团

汝南地区的袁氏是个大家族，很有影响力，连续四代都有人在朝廷里担任"三公"的重要职位。此时，这个家族里一个出色的子弟名叫袁绍。袁绍年轻的时候就在朝廷里做官了，还在消灭宦官集团的大战中立了大功，可惜战果却被董卓抢走了。

袁绍不愿跟董卓这样的人合作，于是逃亡到了冀州地区。凭着家族声望，袁绍在这里组织起了一支属于自己的强大军队，并成了反董卓联盟的盟主。

袁绍手下有不少能干的谋士、说客，他们帮着想出了各种办法，软硬兼施，对敌人能劝降的就劝降，能用武力征服的也毫不手软。袁绍的势力一步步扩张，终于在199年正式成为当时实力很强的军阀。下一步，就是一统天下了。

袁绍和曹操在年轻的时候曾经是很要好的朋友，两个人在对抗宦官集团及董卓集团的时候还并肩作战。但后来，他俩成为了东汉末年最强大的两股势力，也成了彼此强劲的对手。200年，袁绍亲自调集了十多万精锐大军，以泰山压顶之势向曹操扑来。曹操则以两万兵力迎击。

双方经过几次试探后，在黄河岸边的官渡地区正式对战起来，这就是"官渡之战"。曹操的粮草消耗得很快，兵马数量又远远不如对方，怎么看都输定了。

就在这个紧急关头，袁绍的谋士许攸（Xǔ Yōu）因为家人犯法被抓捕，一气之下叛逃到曹操阵营去了。在许攸的建议下，曹操派出了精锐部队偷袭袁绍囤积粮草的乌巢，彻底

▼ 《世说新语》中记载了曹操"望梅止渴"的故事。

▼ 刘备请诸葛亮出山。

焚毁了袁绍军队的存粮。没了粮草还怎么打仗呢？袁绍军队因此狼狈退回了冀州，两年后，袁绍就病死了。207年，曹操基本统一了北方。

刘备集团

另一个著名的军阀刘备自称是西汉中山靖王的后代。黄巾起义后，刘备抓住机会率兵讨伐，依靠这些军功，终于建立起了自己的势力。196年，在陈登、孔融等人的帮助下，刘备得以入主徐州，成为了一股不可忽视的军阀势力。

但刘备也挺倒霉的，先是被背信弃义的吕布偷袭，失去了徐州。几经辗转，刘备不得不去投奔冀州的袁绍，寻求庇护，谁知道袁绍最后也失败

了。为了躲避曹操的追杀，刘备又率领残兵败将来到了荆州。统治荆州的刘表虽然接纳了刘备，但是对他并不放心，把他打发到了一座名叫新野的县城里。

刘备虽然一直想复兴汉室，但却不知道应该怎么做。于是他决定去拜访荆州士族圈子里的名人诸葛亮，听听他的看法。刘备先后三次来到诸葛亮在隆中居住的草庐请求见面，到第三次才终于见到。两个人在一起谈了很久，彼此都有相见恨晚的感觉。在刘备的再三恳求下，诸葛亮终于决心出山，担任刘备势力的军师，为他规划战略路线。

诸葛亮指出，北方的曹操势力正处在巅峰时期，又掌握

着汉献帝赋予的大义名分，很难跟他正面交锋；江东的孙权势力经历了两代人的建设，也已经很难争夺。所以刘备还有机会争取的就只剩下了刘表占据的荆州、刘璋占据的益州，以及张鲁占据的汉中地区。如果能够顺利按照诸葛亮的战略实施，起码可以争取跟曹操和孙权三分天下，这个战略，就是历史上著名的"隆中对"。

08

赤壁之战造就的
历史转折！

◀ 在《三国演义》中，有一段诸葛亮"舌战群儒"的故事，诸葛亮想说服其他的大臣，跟东吴联合抗曹。不过在历史上，刘备势力和吴的联合是鲁肃促成的。

孙刘为什么联盟

刘备所投靠的刘表，是当时众多军阀势力中影响力比较大的一支。因为荆州没有经历黄巾起义战乱，所以比较富裕，不少人才聚集在这里。刘表拥有十余万将士，手下有刘巴、蒯（Kuǎi）氏兄弟等文官，还有黄忠、甘宁、文聘等名将，蔡瑁和张允手下的水军更有着数一数二的实力，掌控着荆州不同权力的蔡、蒯、向、黄四个大家族都很支持他，所以刘表成了曹操的眼中钉。

208年，曹操带领军队征讨刘表，但军队还没能到达荆州，刘表就病死了。荆州的军政权力落入了刘表后来娶的妻子蔡夫人和她娘家人手里，蔡夫人于是想办法让自己的儿子刘琮（Liú Cóng）做了荆州牧。我们国家现在的行政区划分为省、市、县，东汉的时候则是州、郡、县。记得前面说过的州牧吗？他们是管理州的官员，有点儿像现在的省长。

在蔡家、蒯家等地方大族的怂恿和胁迫下，刘琮代表荆州势力向曹操投降。刘备不愿投靠曹操，就带着自己的人马和刘表的大儿子刘琦一起逃往夏口。当时刘备的手下只有两万多人，根本不能和曹操对抗。忽然得到荆州的曹操打算趁机对付孙权。孙权阵营的鲁肃听说了这些，便与刘备见面，劝他跟孙权联合，一同抵抗曹操。

江东的孙权阵营

孙权所掌握的江东势力是他的爸爸孙坚建立的。但爸爸孙坚和哥哥孙策先后死去，这个庞大的家族集团便轮到孙权接手。孙权虽然还很年轻，但他有张昭和周瑜等大臣辅佐，局势很快就稳定下来，甚至越来越强大，所以江东自然就成

了曹操的下一个打击目标。在诸葛亮、鲁肃等人的分析下，孙权决定与刘备结盟，一同对抗曹操，以维护江东的统治。

赤壁之战

曹操这边呢，在消灭袁绍的残余力量后，已经基本统一了北方。208年，曹操便以汉朝丞相的身份命令军队南下，想要统一全国。虽然实际上前线的不到二十万人，但他对外号称有八十万大军，很是唬人。相反孙刘联盟这边只能派五万人来抵挡曹军，看起来像是以卵击石。不过，历史告诉我们，胜负并不是单纯以人数决定的，对吧？

曹操这边的将士们大部分是北方人，不习惯水上的生活，很容易晕船。为了缓解这种情况，曹操让士兵用铁链把所有的船都连接起来，再铺上木板保持平稳，这样船只就不容易摇晃了。一切安排妥当后，他高兴地举行宴会，以为自己统一南北的日子就在眼前。

周瑜的部下黄盖发现了曹军连环战船的弱点，因为当时的战船是木制的，于是他向周瑜建议使用火攻。孙刘联军经过商议，决定让黄盖写信给曹操，假意说自己与周瑜不和，要带兵去投降。曹操信以为真，以为自己获得了一个难得的内应。

到了约定的夜里，黄盖带领十艘快船，顺着东南风，赶忙从长江南岸向北开去。这些战船上堆满了浇了油的柴草，外边用布围着，还插上了做记号的旗子。曹军官兵看到了

▼ 赤壁之战。

船，以为是黄盖按照约定来投降，没有防备。

当快船驶近曹军战船时，黄盖立刻令士兵对十艘快船同时点火，然后跳上小船飞速离开。当晚风猛火烈，着火的快船直冲向曹军锁在一起的战船，立刻引起大火，甚至蔓延到了岸上的营寨。曹军人马在一片混乱中不是被烧死，就是落水淹死。周瑜在战船上看到曹营火起，马上击鼓前进，孙刘联军水陆并进，追赶曹军，使得曹操不得不带领剩余的兵

马慌忙逃回了北方。这一次战役就是有名的"赤壁之战"。

战后的新局面

赤壁之战后，后来三国分立的雏形基本形成了。而作为兵家必争之地的荆州，也被三方给瓜分了。曹操的军队因为损失太重，不敢再轻易南下；孙权则大舒一口气，江东算是度过一劫。荆州的州牧原本是刘表，赤壁之战后，刘备向朝廷请求让刘表的大儿子刘琦继续当州牧，荆州南边的武陵、

长沙、零陵、桂阳四个郡都由刘氏管理。不久，刘琦病死，大家又推举刘备来接任，于是荆州四郡就都归刘备了。同时，刘备开始准备进一步夺取蜀地，也就是现在的四川。

孙权见刘备的实力增长得很快，于是想让刘备娶自己的妹妹，以防对方翻脸。有了联姻关系，两家就能更加亲密了，这也为刘备夺取蜀地的计划清除了一些阻力。

211年，曹操要讨伐汉中的张鲁，汉中又是益州的一部

分，要是拿下了汉中，得到益州不是迟早的事吗？曹操这个决定吓得益州牧刘璋赶忙派出使者迎接刘备进入蜀地，抵抗曹军。入蜀后不久，刘备与刘璋就闹翻了，两边还打了一仗，最后刘备获得了胜利，接管了刘璋的地盘。当初在隆中时，诸葛亮为他拟定的战略计划总算初步完成了。

另一方面，曹操的军队也势如破竹，先是取得了潼关（Tóngguān）之战的胜利，打败马超，得到西北地区；然后曹操的手下夏侯渊再胜马超，拿下了他的新根据地——冀城；215年，曹操亲自带了大批军队，吞并了张鲁所在的汉中地区。狼狈的马超则投奔了刘备，成为刘备的得力手下。

总之，三股势力之间的互相抗衡就是围绕着荆州、汉中、合肥这三个地区展开的。

知识充电站

智者鲁肃

《三国演义》里的鲁肃，和历史上真实的鲁肃是不一样的。《三国演义》里，赤壁之战都是诸葛亮的功劳，诸葛亮、周瑜都非常聪明，但其实，鲁肃也是一位目光长远的智者。诸葛亮提出的三分天下的办法，鲁肃也对孙权说过。可见，即使是历史小说，与实际的历史相比，仍然会有一些区别。

▼ 《三国演义》里有
一段"刘备借荆
州"的故事。事实
上，赤壁之战后，
荆州已经被曹操、
刘备、孙权三方势
力瓜分了，刘备想
借的，是孙权所占
有的荆州南郡。

09
骄傲的关羽丢失荆州

成为汉中王

218年，刘备听从了法正、黄权等人的建议，率领大军攻打被曹操占领的汉中。这场战役在你攻我守、你守我攻的拉锯中持续着。直到219年正月，老将黄忠听了法正的建议，在定军山突然袭击曹军，斩杀了曹操手下的大将夏侯渊，刘备一方才终于获得了战场主动权。

曹操亲率大军来争汉中，与刘备对峙了好几个月，根本没占到什么便宜，还损失了重要的将领。到了五月份，曹操再也顶不住了，只得返回长安。刘备占领汉中之后，在诸葛亮等人建议下，自称汉中王，和曹操分庭抗礼。

关羽的节节胜利

刘备自称汉中王以后，决定给自己的部属们加官晋爵。留守荆州的关羽被封为前将军，还获得了“假节钺（Jiǎjiéyuè）”的高规格待遇，成了名副其实的荆州大都督。也就是说，关羽可以代表刘备出征，还可以不经过报告就斩杀触犯军令的人。高兴的关羽决定北上去讨伐曹操，于是率领部队进攻荆州北部的樊城。曹操派出了大将于禁前往救援。那时正是秋天，天降暴雨，河水暴涨，于禁所率领的七支军队全被河水淹了。

关羽趁机率领水军攻击于禁的军队，还抓住了于禁的部将庞德。这时候连于禁都已经投降关羽了，但是庞德宁死也不肯这么做，关羽只能杀了他。之后，尽管曹军还出动了大将曹仁等人，但他们都不是关羽的对手，就连周边的盗贼都投靠了关羽。关羽的声势在这时达到极盛，各方势力都听说了他的赫赫战功，甚至连曹操都在考虑是不是应该把都城搬到别的地方。

荆州的丢失

这个时候，江东的主人孙权也对荆州这块宝地虎视眈眈。鲁肃去世以后，孙权与刘备的联盟就不那么稳固了。大将吕蒙这时候向孙权献策，让他对外宣称吕蒙病危了，要回家休养，改用年轻的陆逊代替自己的位置，让关羽放松警惕，然后再伺机偷袭。关羽果然上了吕蒙的当，把后方的守

◀ 曹操派出的七支军队被突然暴涨的河水淹没了。

趣味典故

食之无肉，弃之有味

杨修是东汉太尉杨彪的儿子，他聪明好学，才华过人。219年，曹操在汉中与刘备对峙期间伤亡惨重，一时打不定主意是不是应该返回长安。一天夜里，护军来请示军事口令，曹操随口应答"鸡肋"。随军的杨修从这句"鸡肋"中推测曹操有意撤兵，因为鸡肋是"食之无肉，弃之有味"的意思，于是告知别人可以提前收拾行装。曹操听说后，认为杨修祸乱军心，非常愤怒，下令处死了他。现在一般用"鸡肋"比喻那些做了也没多大意义，但又不忍舍弃的事情。不过，这个关于鸡肋的故事多半是后人编造的。

兵调到了樊城，专心与曹操开战。

知道关羽中计的吕蒙秘密率领军队来到了寻阳，让将士们穿上白衣，乔装成商人，精兵们则埋伏在小船中。这伙秘密武装在江边制服了关羽设置的守兵，偷偷熄灭了用来报信的烽火台。吕蒙成功取得了南郡后，又派人劝说驻守荆州重镇江陵郡、公安郡的将领投降。这两人因为跟关羽有矛盾，所以很快就答应了。就这样，整个荆州都落到了吕蒙的手里。

等到关羽听说后方有变的时候早就来不及了——不仅丢了荆州，连军队将士的家属都被吕蒙抓走了。关羽带军后撤的过程中跟吕蒙有过联系，吕蒙体贴地让使者们带去家属的信，给关羽的将士们报平安。关羽这边的人呢，当得知家人受到了很好的招待，没有性命危险的时候，全变得没有斗志了。

关羽知道大势已去，于是退到了一座叫麦城的小城，而他的大多数属下都投降了吴军。

219年，关羽假意投降，借机出逃。他一路突围，却遇上了埋伏，被吴军擒获。被俘后的关羽坚决不投降，最终与儿子关平、部将赵累一起被孙权斩杀。

成语讲堂

刮目相待

吕蒙年轻的时候文化程度很低。孙权看不下去，便命他多多读书，了解历史。他在孙权的督促下开始学习，读的书越来越多，文化水平也越来越高，后来甚至超越了资深的儒者。

后来，吕蒙摆下酒菜招待好朋友鲁肃，鲁肃在席中问了他很多关于历史的知识，吕蒙都答得头头是道。鲁肃听完以后大为吃惊，说："我之前一直以为你只知武艺不懂谋略，但今天看来，你的学识才略已非当日的吴下阿蒙了。"吕蒙便回答："士别三日，即更刮目相待。"现在人们用"士别三日，当刮目相看"来比喻别人已有进步，不能再用老眼光去看他。

216年 曹操被封为魏王　　219年 吕蒙突袭荆州，关羽大败　　220年 曹操去世，曹丕称帝，改国号为"魏"，东汉灭亡

▼ 关羽因为大意而丢失了荆州。

10

三国时代正式开启

东汉的终结

219年冬，偷袭荆州的孙权已经得罪了刘备，不能再得罪曹操了。为了讨曹操欢心，让他放下戒心，孙权上书给曹操，劝他自己当皇帝。但曹操是个非常冷静的政治家，他的计划是让自己的儿子来取代汉朝，建立新政权。

曹操的几个儿子中，长子曹昂很早以前就死了，三子曹彰喜欢带兵打仗，可惜文才差一些，小儿子曹熊还年幼，什么也不懂，所以只剩下次子曹丕（Cáo Pī）和四子曹植两个是合适的候选人。曹植因才华出众而受到曹操偏爱，这令曹丕十分妒忌。

当时曹丕和曹植各自拉帮结派，互相算计，都想让自己成为曹操的继承人。曹植虽有才华，但也和当时的许多才子一样，非常任性，从不刻意规范自身行为，甚至得罪过曹操，再加上司马懿（Sīmǎ Yì）、吴质等大臣为曹丕谋划，最终曹操选择了曹丕做继承人。

曹操病逝于220年。他去世后，儿子曹丕继任丞相、魏王，同年十月，曹丕又逼迫汉献帝让出皇位，把国号改为魏，定都洛阳。虽然汉献帝成为曹操的傀儡时，东汉政权就已经名存实亡了，但这一次，延续了近两百年的东汉王朝才算正式走到了历史尽头。

▶ 乡里推选有才能的读书人。

九品中正制

东汉时的人才选拔制度叫察举制，是由地方长官来选取、推荐人才，这些人如果通过了试用考核就可以做官了。曹丕即位后，为了安抚当时的世家大族，让他们支持自己，他采纳了陈群的建议，决定实行九品中正制。九品中正制其实是升级版的察举制，它把人才分为九品，也就是九个等级：上上、上中、上下，中上、中中、中下，下上、下中、下下。地方长官对这些人才的身世背景、个人才能也调查得更加仔细。总之，九品中正制在选拔人才的程序上比察举制更精细。

就好像考试需要有一个参考答案一样，选拔官员其实也需要相应的标准，不然还不乱套了呀！九品中正制就提供了这样的标准，不过，这个制度也不是完美的，它固化了各阶层的地位。从那以后，只有世家大族的人才能有机会登上高位，如果出身不好是很难有好前途的，所以这个制度在后世也受到了很多指责。后来魏的灭亡，一定程度上也跟这个制度有关系。

三国鼎立正式形成

曹丕建立了魏以后，有谣言说汉献帝已被害死。一直自称是汉室宗亲的刘备听说了这件事，便穿上丧服，宣告了汉献帝的死讯。221年，在诸葛亮等人的劝说下，刘备在成都正式登基，并任命诸葛亮为丞相。刘备号称延续了大汉正统，所以国号仍为"汉"，史称"蜀汉"。登基后，刘备还建立了宗庙，祭祀汉朝的皇帝们。

另一方面，曹丕称帝后封孙权为吴王，但孙权可不是真心归降曹丕的。作为一方霸主，他同样有着当皇帝的野心，只是当时刘备要来攻打东吴，为了避免曹丕偷袭，孙权才假装臣服。果然，229年，孙权也登基当皇帝了，历史上叫他吴大帝，又称吴太祖。孙氏统治江东地区长达五十一年，是三国时代的政权中历时最久的一个。而刘备建立的蜀汉是第一个灭亡的。

▼ "神医"华佗。

▼ 曹操的诗文都很有英
雄气概。

建安三神医

东汉末年战乱频发，生灵涂炭，瘟疫肆虐，很多人都病死了。就连历史上鼎鼎大名的医圣张仲景，也曾经是大瘟疫的受害者。

家人的死亡让他下定决心要好好学医，《伤寒杂病论》合十六卷就是张仲景潜心研究的成果，这是中医史上第一部具备理（中医理论）、法（诊治方法）、方（方剂）、药（药物）的经典。除了张仲景之外，还有两位著名的医生，和他一起被称为"建安三神医"。

其中一位就是著名的华佗，他是位了不起的外科手术医生，同时也是最早的麻醉药——麻沸散的发明者。这种药物跟酒一起服下时能使人身体麻木，减轻病人在手术和缝合伤口时的痛苦。但现在麻沸散的配方与当时的外科手法都已经失传了。

另一个著名医生叫董奉。传说董奉治病从不收钱，只是要求患者栽种杏树，这就算是诊费了。人们可以拿谷子来找董奉换杏子，这些换来的谷子则被董奉拿去分给灾民。所以后来大家就用"杏林春暖"来形容医生的医术高明。

建安文学与建安风骨

东汉末年的瘟疫令无数无辜百姓丧生，也使当时的文学领域受到重创。217年冬天，五位著名的文学家都死在了北方的一场瘟疫中，分别是陈琳、王粲（Wáng Càn）、徐幹（Xú Gàn）、应玚（Yīng Yáng）、刘桢（Liú Zhēn）。这五个人和之前已经死去的孔融、阮瑀（Ruǎn Yǔ）都活跃在东汉末年的建安时代，所以被合称为"建安七子"。

"建安七子"中，诗赋成就最高的是王粲，不过名气最大的要数"孔融让梨"的主角孔融。可惜，他因为跟曹操政见不合而被曹操杀了。

不过，曹操也是一位卓越的文学家。身为一代枭雄（xiāoxióng），曹操的诗歌充满理想和抱负。在他的熏陶下，他的两个儿子曹丕和曹植的诗文也非常优秀，后人把他们父子合称为"三曹"。

产生于战乱中的建安文学大多反映了社会的动乱，读起来总有慷慨悲凉的色彩；但在曹操的影响下，许多作品也表达了作者的理想与抱负，这样的风格被后人称为"建安风骨"。

同样活跃在文化领域的还有七位名士，他们被合称为"竹林七贤"。我们可以在第五册中读到他们的故事。

11
诸葛亮的治国方略

▼ 刘备白帝城托孤。

气势汹汹地跑去给
张飞、关羽报仇的
刘备大军，为什么
会失败呢？

56

224年 萨珊王朝建立，灭安息帝国

222年 夷陵之战爆发   223年 蜀汉昭烈帝刘备去世，刘禅即位

报仇不成的刘备

按照诸葛亮"隆中对"给出的办法，荆州是刘备一定要好好经营的地方，这里可以支援和保障前线的战斗，在天下有变之时，通过荆州还可以直取洛阳，所以失去荆州是刘备无法接受的。更何况，东吴的偷袭还让刘备损失了他最倚重的大将关羽以及一大批精锐部队。是可忍，孰不可忍！刘备称帝之后做的第一个战略决策就是向东攻打吴国，既是为重新夺回荆州，也是为关羽报仇。

刘备的战争动员令刚传下去就又收到一大噩耗！他的另一个大将张飞竟然被手下给杀了，首级还被这两人带着投奔了吴国。接连失去两个好兄弟，刘备已经被仇恨冲昏了头。221年，他决定亲自带兵攻打吴国。

孙权也被气势汹汹的刘备吓坏了，他先是向曹魏称臣，避免遭受两面夹击，接着又派诸葛亮的哥哥诸葛瑾过去，想向刘备求和，但是刘备决心已定，不肯接受。所以孙权只得派兵硬着头皮应对。

在双方对峙数月之后，陆逊敏锐地发现，刘备居然在山谷树林中排列成一个狭长而分散的阵形。当时已经是六月，南方的天气特别热，树林很容易着火。如果用火攻，一定能大败刘备！于是陆逊派自己的部下拿着茅草，趁着夜间天黑，一口气冲到刘备的营中放起大火，又派遣朱然、潘璋等人发动反击战。蜀军被打得落花流水，一场大火让他们损失惨重。刘备狼狈地带着残兵败将仓皇逃回蜀国。

诸葛亮的办法

这场惨败让刘备更加抑郁了，撤退到白帝城时他一病不起，不久之后就病死了。临死之前，刘备立大儿子刘禅为新的蜀汉皇帝，并嘱托诸葛亮和李严等人，一定要好好辅佐自己的儿子，完成复兴汉室的夙愿（sùyuàn）。

因为刘禅还小，蜀汉全部大权就握在诸葛亮手里。听起来虽然威风，但这可不是什么好差事。这时候的蜀国堪称一个烫手山芋，对外有曹魏和东吴两名强大的敌人，自己内部的矛盾也即将爆发。这可怎么办呢？

面对国内外的复杂形势，诸葛亮决定和吴国握手言和，对吴国来说，独自对抗两个敌人是很危险的，所以其实孙权也想跟蜀国联合，一起对抗更强大的曹魏。这不但是诸葛亮自己的战略意图，更是现实摆在他们面前的必然选择。

消除了外部威胁之后，诸葛亮对蜀汉内部进行了大刀阔斧的改革。他亲自制定选拔官员的政策，让所有人都能得到适合自己的工作，即使是得罪过自己的人，只要工作做得好一样能得到奖赏。诸葛亮还改善了刑罚措施，对那些违法犯罪的人，即使是自己的亲戚也绝不纵容。除此之外，诸葛亮还发明了一系列的工程机械，大大提高了百姓们的生产效率。

然而，内部矛盾也在这时

候冒出来。蜀汉南部的建宁、永昌等地长期以来都是少数民族的家乡。蜀汉被吴国打败以后，这些土著官员也动摇了。因为风俗、习惯等的差异，这些少数民族本来就不太认同蜀汉政权，这下他们更不愿再臣服了。面对这个棘手的局面，诸葛亮决定亲自率兵南征，他采纳了参谋马谡（Mǎ Sù）的建议，这时候不再在意一城一地的得失了，而是抓住那些少数民族人民的心，瓦解他们的斗志，并逐渐感化他们，让他们对蜀汉心服口服，再也不会反叛。待南中收服后，诸葛亮总结了在南中山地作战的经验，派王平组建了山地特种部队"无当飞军"，开始为北伐做准备。

成语讲堂

▼ 诸葛亮七擒七纵孟获。

七擒七纵

　　孟获是南中地区少数民族和汉族人共同的首领。所以诸葛亮在南征过程中决定，一定要让孟获心服口服。在一次战斗中，蜀军将其擒获，孟获不服气地说："这是因为我不知道你们蜀汉军队作战的方式，你如果把我放了我就能打败你。"诸葛亮为了让孟获服气，真的将他释放了。就这样捉了又放，放了又捉，一直到第七次的时候，孟获再也不说自己不服气的话，而是成了诸葛亮的忠实拥护者。现在一般用"七擒七纵"这个词来比喻运用策略，使对方心服口服。

12

旷日持久的北伐战争

诸葛亮一共进行了
几次北伐?

北伐的原因

平定南方的叛乱后，诸葛亮让当地的大小首领做了地方官，蜀汉也开始富裕起来。诸葛亮心中仍然记着刘备离世时的愿望——东汉的都城在洛阳，刘备一直希望复兴汉室的统治，回到以前的国都。但是想回到洛阳，就必定要北上跟魏国开战。

227年的春天，在诸葛亮的强烈建议下，刘禅发布了北伐诏书，由诸葛亮率领各路大军北上。驻扎在汉中时，诸葛亮因为放心不下刘禅，便写了一篇文章教给他做人的道理，这就是流传千古的《出师表》。在文章中，诸葛亮告诉了刘禅应该怎么去理解做君主的道理，应该怎么去处理事务才能让当事双方都觉得他公正，又告诉他朝中正直可信的大臣有哪些。

北伐开始

228年，诸葛亮领兵进攻魏国边境的祁山 (Qí Shān)。起先，魏国边境的天水、南安、安定三个郡的守将全都投降了诸葛亮，北伐有个不错的开始，看似势如破竹。谁知道，对蜀军来说非常重要的街亭最后却被魏国占领。蜀军没了优势，只好撤军回汉中。蜀汉的第一次北伐失败了，而这一次失败，也使得后来的北伐更加艰难。

这年冬天，诸葛亮再次率兵进攻祁山，包围了陈仓。这次出战的魏国将军郝昭是一个非常善于防守的人，双方僵持

▼ 为了完成刘备的遗愿，蜀国进行了好几次北伐战争。

▼ 诸葛亮写《出师表》，
  教导刘禅。

了二十多天，谁也没捞到便宜，直到诸葛亮军队的粮草耗尽，不得不撤退。第二次北伐也宣告失败。

229年春天，诸葛亮派人占领了魏国的武都、阴平两郡。冬天，又把大营搬到了南山下的平原，修建了汉城与乐城。第二年秋天，魏国主动派司马懿、张郃（Zhāng Hé）、曹真

三路大军同时进攻汉中，战事一触即发，谁知就在这个关键时刻，天降大雨，断了魏国前往汉中的路，魏国三军只得原路返回。

231年春天，诸葛亮率军再次围攻魏国边境的祁山，并且开始用木牛、流马运送粮草。魏国派司马懿、张郃在祁山防守，还败给了诸葛亮一

次。但六月的时候，蜀军再次因为粮草不足，被迫退兵。第四次北伐也宣告失败了。不过，魏国将军张郃在追击诸葛亮大军时，被诸葛亮发明的连弩射中身亡。

234年，诸葛亮率兵从斜谷道北伐魏国，在武功县的五丈原驻守，魏国则派出司马懿在渭水北岸驻守，和诸葛亮遥遥相

望。虽背靠斜谷粮库，诸葛亮还是担心军队的粮食供给又像以前那样出状况，于是派部分军队在渭水南岸耕种土地，为军队的长期驻扎做好准备。

两军在渭河两岸一僵持就是一百多天。司马懿派探子侦查蜀国军队，不问别的，只问诸葛亮过得怎么样。探子回来后告诉他："诸葛亮身处军中，整天都在忙着处理军中大小事务，没怎么吃饭。"司马懿凭此断定诸葛亮快要死了。这年八月，诸葛亮果然累得病倒，临死前他交代下属："好好整顿军队，准备回成都吧。"

诸葛亮死后被安葬在了定军山。蜀国大将姜维、杨仪等人则按照诸葛亮的安排撤退，死对头司马懿听到了消息，赶紧追击。蜀军又是打旗帜又是击打战鼓，摆出一副要进攻的架势。司马懿担心是陷阱，立刻下令退兵。这件事传出去后，百姓便说"死诸葛吓跑了活仲达"（司马懿字仲达）。

没了主心骨，蜀国的北伐战争只好告一段落了。

▼ 诸葛亮因为太过操劳，最后病死在了军营里。

13

司马家族获得
最终胜利

▲ 刘禅乐不思蜀。

235年 罗马帝国"三世纪危机"开始

238年 魏国大将军司马懿征伐辽东　239年 魏明帝曹叡去世，司马懿被推为太傅

诸葛亮去世以后，三国时代进入了相对的和平时期，魏国的司马懿抢走了朝廷大权。而蜀国则由蒋琬和费祎（Fèi Yī）先后主掌朝政。这两个人都生性平和，赏罚分明，沿用了诸葛亮生前制定的政策。

费祎掌权的时候，总是压制着大将姜维，导致他一直没能施展自己的军事才华。费祎去世后，姜维统领蜀国军队，又进行了多次北伐，但是收效不大，还劳民伤财。

263年，魏国已经是司马懿的儿子司马昭掌权，在他看来，灭蜀的时机已经成熟了，便让邓艾等人率兵伐蜀。

蜀国由姜维负责统率军队，和邓艾交战。姜维不敌对手，战败后退守剑阁。好在剑阁地势险要，可以抵御魏军。

但没想到邓艾竟派人在阴平这个荒无人烟的地方修筑起了栈道桥梁，出奇兵绕过了剑阁，直接带兵来到蜀国腹地。

蜀国皇帝刘禅只知道享乐，对天下没什么野心，突然要面对邓艾的大军，什么办法也没有，吓得出城投降。魏军要求刘禅下令让蜀军放弃抵抗。待姜维被魏军杀害以后，蜀国再也无力抵抗魏国，就这样灭亡了。

265年，司马昭去世。他的儿子司马炎逼迫魏元帝曹奂把帝位禅让给他，从此魏国灭亡，晋朝的历史开始了。三国之中仅剩下远在南方的吴国，但此时的吴国皇帝孙皓喜欢大兴土木，铺张浪费，百官多次劝说他都不听。280年，晋朝派遣名将王濬（Wáng Jùn）征

成语讲堂

乐不思蜀

刘禅投降以后，司马昭封他做了安乐公，让他天天饮酒作乐，还故意问他："是现在的生活好，还是在蜀地的生活好？"刘禅本来就胸无大志，他开心地答道："这里的生活太快乐了，让人想不起蜀国！"这就是成语乐不思蜀的由来，后来人们用这个词比喻新环境充满乐趣，让人忘记自己过去的生活。

伐吴国，本来吴国以水兵见长，但是当时晋国经过休整，战船建造得比吴国的还大，吴国人看到都害怕。所以孙皓很快就投降了。

天下三分的时代就此结束。仔细说起来，三个国家都没能完成天下的统一。

14
三国时代的科技发明

三国时期，国与国之间经常打仗，急需新的兵器、用具，这极大刺激了科学技术的发展。三国时期涌现了一批杰出的科学家、医学家和机械制造家，不少科技成就在当时的世界都是非常先进的。

水转百戏
马钧

魏国有一位伟大的发明家，名叫马钧。他不仅重现了失传的"指南车"，还制造了可以向高处农田运水的翻车，以及通过水力运行可以让木头小人自动击鼓的"水转百戏"。此外，马钧也尝试改良了攻城时所用的发石车，让发石车以轮盘的方式进行连续投掷，大大提高了它的攻击力。

◀ 马钧发明的翻车提高了农民们的效率。

世界

大事记

中国

263年 刘禅降魏，蜀汉灭亡　　　265年 司马炎逼魏元帝曹奂禅位，魏亡，晋朝建立　　　280年 吴末帝孙皓降晋，吴亡

为了从路程艰险的蜀道运送粮草，诸葛亮发明了传说中的木牛、流马，木牛长得像现在的手推车，士兵们可以用它运输一年的口粮，每天即使走二十里地也不会太累。流马的身形像大象，左右两边各放一个长方形木箱用于运输，每个木箱可装米两石三斗（近五十公斤）。木牛、流马可以减少人力的消耗，提高运输的速度，在诸葛亮北伐魏国的战争中开始使用。

诸葛亮还改进了当时的弓弩，发明了著名的"诸葛连弩"。这种弓弩使用长八尺（近两米）的铁箭，用机括进行连续发箭，一次可以同时发射十支。在第四次北伐战争中诸葛亮领兵撤退之时，追击蜀军的魏国将军张郃就是死在弩箭之下。

诸葛亮　木牛、流马　＋　连弩

知识充电站

古代的天文学系统

星官是我国古代的一个天文学概念。那时候的天文学家们把天上的恒星分成一组一组的，这样的一组恒星就是一个星官。三国时期，一个叫陈卓的吴国人在这个基础上整理了一个有二百八十三个星官，一千四百五十六颗星星的星官系统。听起来很酷吧？更厉害的是，即使没有天文望远镜，古代人还能用这种分割天空的办法绘制出全天星图，并在上面标注星座的位置与星数。而陈卓绘制的全天星官系统也是后世天文学家制作星图和天文仪器的重要依据，被沿用了一千多年。